ORAISON
FUNÈBRE

DE MONSEIGNEUR ILLUSTRISSIME ET RÉVÉRENDISSIME

Augustin-Louis de Montblanc,

ARCHEVÊQUE DE TOURS,

PRONONCÉE LE 6 JANVIER 1842, DANS L'ÉGLISE MÉTROPOLITAINE DE TOURS,

PAR M. L'ABBÉ BOULLAY,

Doyen du Chapitre de la même Église.

TOURS,

IMPRIMERIE DE A^d MAME ET Cie.

1842

Ce discours n'était point destiné à paraître ; mais on a dû céder aux instances du clergé, de la famille et des amis du vénérable Prélat.

ORAISON
FUNÈBRE

DE MONSEIGNEUR ILLUSTRISSIME ET RÉVÉRENDISSIME

AUGUSTIN-LOUIS DE MONTBLANC,

Archevêque de Tours.

Dilectus Deo et hominibus cujus memoria in benedictione est.

Il fut aimé de Dieu et des hommes, et sa mémoire est en bénédiction.

ECCLÉS., 45. 1.

MONSEIGNEUR, MESSIEURS,

C'est l'éloge que l'Écriture fait de Moïse, le chef et le conducteur du peuple de Dieu; c'est aussi l'éloge que nous pouvons faire du Pontife que la mort vient de nous ravir, qui fut pendant vingt ans le chef et le conducteur du clergé et des fidèles de ce diocèse. Ses vertus le firent chérir de Dieu et des hommes pendant sa vie, et sa mémoire sera en bénédiction après sa mort. *Dilectus*, etc.

A la vue de ce lugubre appareil, en présence de ce tombeau, je sens mon cœur se serrer et mes forces défaillir. Ainsi donc, il n'est plus, le pasteur vénérable qui conduisit avec tant de sagesse le troupeau confié à ses soins! Ce trône vide, ces insignes voilés, ces chants funèbres, la douleur et la consternation peinte sur tous les visages, tout nous dit : il n'est plus.

Il y a deux mois à peine, il officiait à cet autel avec toute la pompe qui environne les pontifes aux jours des grandes solennités, il se montrait revêtu des ornements pontificaux qu'il portait avec tant de dignité : aujourd'hui il est enveloppé d'un linceul ; hier sur un trône, aujourd'hui dans un tombeau !

Il n'est plus ! il n'y a que quelques jours, il nous adressait encore de touchantes paroles ; aujourd'hui cette langue est glacée, ce cœur si aimant est maintenant insensible, et cette main qui se leva tant de fois pour nous bénir est froide et immobile sous les liens indissolubles du trépas.

Ainsi la mort ne respecte rien, elle brise avec une égale facilité, et le sceptre des rois, et la crosse des pontifes, et la houlette des bergers.

Il n'est plus !..... O froide et désolante parole, que je me hâte de rétracter! Non, non, il n'est pas mort tout entier, il survit dans la plus noble portion de son être, son âme vit toujours. Essuyons donc nos larmes et calmons nos soupirs, il vit et il vivra toujours ; il pria beaucoup pendant sa vie, il prie encore et priera toujours pour la ville et pour le peuple qu'il aima tant.

Je viens, Messieurs, remplir un saint mais pénible devoir ; je viens rendre à sa mémoire l'hommage qu'il mérite, et payer à ce digne et bien-aimé Pontife le tribut de l'amour et de la reconnaissance.

Vous ne vous attendez pas sans doute à trouver ici de ces événements extraordinaires, de ces actions d'éclat trop souvent inspirées par l'orgueil ; la vie que nous avons à mettre sous vos yeux fut une vie simple et modeste, une vie toute chrétienne et toute sacerdotale.

N'oubliez pas les deux mots qui m'ont servi de texte : Il fut aimé de Dieu et des hommes ; c'est sous l'inspiration de ces simples mais touchantes paroles que j'ai recueilli mes souvenirs et médité ce que j'ai à vous dire à la gloire de Monseigneur illustrissime et révérendissime Augustin-Louis DE MONTBLANC, archevêque de Tours.

Augustin-Louis DE MONTBLANC naquit au château de Sausses, de parents dont l'illustration remonte au temps des Croisades ; mais c'est la moindre partie de sa gloire : il ne parlait jamais de sa noblesse et de ses aïeux, il disait que sa qualité d'évêque effaçait toutes les autres, et qu'il ne connaissait plus d'autres titres que celui qui lui avait été conféré au jour de sa consécration.

Un avantage plus précieux et qui influa sur tout le reste de sa vie, c'est qu'il naquit de parents chrétiens. L'attachement à la religion était héréditaire dans sa famille ; sa pieuse mère, pour laquelle il a toujours conservé le plus tendre souvenir, l'éleva dans la crainte du Seigneur, et lui inspira de bonne heure l'amour de la vertu. Elle lui répétait souvent ce que la reine Blanche disait à son royal enfant : Mon fils, Dieu sait combien je vous aime, mais j'aimerais mieux vous voir mourir à l'instant sous mes yeux, que d'apprendre que vous avez commis un seul péché mortel. Ces paroles firent sur l'esprit du jeune Augustin une impression profonde, et nous lui avons entendu dire que cette recommandation, jointe au souvenir de sa mère, lui avait été d'un grand secours en bien des rencontres.

Outre les bons exemples qu'il avait sous les yeux, le jeune DE MONTBLANC avait reçu du ciel les plus heureuses dispositions. C'était une de ces natures excellentes sur lesquelles le vice ne peut avoir de prise, et que la contagion ne saurait atteindre, une de ces âmes privilégiées qui non-seulement ne peuvent mal faire, mais qui ne supposent même pas le mal possible, un cœur dans lequel il n'y avait place que pour des sentiments purs, nobles et généreux.

Les semences de vertu, jetées sur une terre si bien préparée, devaient germer et se développer rapidement; aussi remarquait-on déjà dans cet enfant de bénédiction cette foi vive, cette tendre piété dont il donna dans la suite tant de preuves, cette délicatesse de conscience qui s'alarmait de l'apparence même du mal, toutes les qualités de l'esprit et du cœur qui gagnent la confiance, commandent le respect et inspirent l'amour.

Il n'est pas étonnant qu'avec de pareilles inclinations et une éducation si chrétienne, le jeune DE MONTBLANC se sentit porté vers l'état ecclésiastique. Il entra donc au séminaire d'Aix et s'y fit admirer par sa régularité, par sa douceur et par la pureté de ses mœurs, autant que par son aptitude pour les sciences. Ce n'étaient point des vues d'ambition qui l'avaient poussé à suivre cette carrière, il était loin de prévoir qu'un jour le trône des évèques serait dressé pour lui dans le sanctuaire; il n'aspirait qu'à devenir curé de son modeste village.

Dieu en avait décidé autrement, il lui destinait le siége des GATIEN et des MARTIN, mais il fallait qu'il y fût porté par la tempête, et il devait errer longtemps sur la terre étrangère avec le bâton de pèlerin, avant que le bâton pastoral fût remis entre ses mains.

Déjà se faisaient remarquer de toutes parts des signes avant-coureurs de nos dissensions politiques. Il y a, Messieurs, pour les nations comme pour les individus, des temps de vertige et d'erreur, des moments de crise, où je ne sais quelle force irrésistible pousse les peuples où ils ne voudraient pas aller; des époques providentielles, où la société subit des modifications et des transformations inévitables. L'homme alors s'agite comme dans un chaos; il ne sait trop ni ce qu'il veut, ni ce qu'il fait, ni où il va; mais Dieu qui le mène le sait bien; et quand il a jugé dans sa sagesse que les leçons qu'il voulait donner aux peuples et aux rois, leur ont profité, il remet le glaive dans le fourreau, il commande aux flots et à la tempête, et le calme se rétablit. Après un travail pénible, après des luttes sanglantes et d'épouvantables catastrophes, arrive le jour où les peuples, qui ne s'étaient pas entendus, parlent enfin la même langue, et, devenus plus calmes et plus maîtres d'euxmêmes, travaillent de concert à reconstruire et à réparer, avec autant d'ardeur qu'ils en avaient mis à renverser et à détruire.

C'est là, Messieurs, tout ce que je dirai de cette première révolution qui décida l'abbé DE MONTBLANC à quitter la France. Il avait prévu que la crise serait terrible, et bien qu'il fût plein de foi et de la grâce de l'Esprit-Saint qui venait de lui être communiquée par une ordination récente, il craignit de tenter le Seigneur en bravant le péril, il se défia de sa faiblesse, et il aima mieux s'exiler que de s'exposer, en restant, au danger de l'apostasie.

Ce fut en Italie qu'il se réfugia d'abord.

Pour un prêtre aussi pieux, aussi dévoué à l'Église romaine que l'était L'ABBÉ DE MONTBLANC, ce fut un véritable bonheur de se trouver à Rome, ce centre de l'unité catholique ; de voir cette Église reine et maîtresse de toutes les autres Églises, ce trône indestructible, le seul dont on ne saurait montrer les débris. Il jouissait doublement, car il était fervent catholique, et, ce que tout le monde ne sait pas, il aimait les arts. Il put admirer à loisir les tableaux des grands peintres et acquérir des connaissances suffisantes pour composer cette galerie que vous lui connaissez, et dont je ne parle ici que parce qu'elle atteste tout à la fois son goût et sa piété ; car cette collection se compose exclusivement de sujets religieux.

Vous pensez bien, Messieurs, qu'avec les idées qu'il avait et les sentiments qui l'animaient, L'ABBÉ DE MONTBLANC dut parcourir Rome moins en amateur qu'en chrétien ; il cherchait bien plus à nourrir sa foi qu'à satisfaire sa curiosité, et il visitait de préférence les églises, les catacombes, les tombeaux des apôtres et des martyrs. Il sut, par ses qualités aimables, se concilier l'estime et l'affection de tous ceux qui le connurent ; les plus grands personnages, les prélats les plus distingués recherchèrent son amitié, et le Souverain Pontife lui-même, Pie VI, d'heureuse mémoire, lui donna des marques d'une bienveillance toute particulière.

Cependant les destinées de la France avaient changé,

et au règne de la terreur avait succédé une ère de grandeur et de gloire. L'aigle impériale planait sur le monde, et les peuples, comme de timides oiseaux, fuyaient devant elle. Dans son vol audacieux, elle était venue s'abattre sur la ville éternelle et se poser sur les hauteurs du Vatican.

En voyant le Pontife, qui lui avait ouvert un asile dans ses États, obligé de s'expatrier lui-même, L'ABBÉ DE MONTBLANC comprit qu'il n'y avait plus de sécurité pour lui en Italie. Mais où fuir? où se cacher? L'Espagne, l'Allemagne, devenues, aussi bien que l'Italie, le théâtre de guerres sanglantes, ne pouvaient lui offrir qu'une hospitalité précaire. Il se décida pour l'Angleterre, et plaça l'Océan entre lui et le redoutable conquérant.

Il faut rendre cette justice à l'Angleterre, qu'elle se montra généreuse envers les Français exilés, et ce n'est pas ici une des pages les moins belles de son histoire. Il semble qu'elle en reçoit aujourd'hui la récompense. La semence, jetée par les prêtres catholiques sur l'antique terre des saints, n'a pas été stérile. Évidemment les passions se calment, les préjugés se dissipent, les meilleurs esprits travaillent sans relâche à aplanir les difficultés et à opérer un rapprochement si désirable; de nombreuses conversions viennent consoler l'Église; chaque jour voit crouler quelque pan du vieux mur de séparation, et si ce mouvement continue, l'Angleterre ne tardera pas à redevenir ce qu'elle fut autrefois, la fille la plus soumise et la plus dévouée de l'Église romaine.

Mais si tous les prêtres réfugiés en Angleterre eurent à se louer des procédés de cette nation à leur égard, aucun peut-être n'y reçut un accueil plus favorable et n'y excita autant d'intérêt que L'ABBÉ DE MONTBLANC. Il put non-seulement vivre avec aisance, mais venir au secours des exilés qui n'avaient pas les mêmes ressources que lui, et leur rendre d'importants services.

Cette position, il ne l'avait pas acquise à force de sollicitations et d'intrigues : il la devait à son bon cœur et à ses excellentes qualités.

En Angleterre, comme en Italie, il eut pour amis les hommes les plus distingués, et nous pourrions citer les noms les plus illustres qui ont toujours entretenu avec lui les relations les plus amicales, la correspondance la plus affectueuse ; et si nous nous rappelons que les Anglais ne prodiguent pas leur amitié et n'accordent pas facilement leur confiance, nous serons forcés de reconnaître en celui qu'ils traitaient avec tant de distinction des qualités éminentes. D'ailleurs une preuve de son mérite et de sa supériorité, c'est qu'une Université florissante, l'Université d'Oxford, tint à honneur de le compter parmi ses membres, et qu'elle l'admit dans son sein malgré la différence de religion, qui était alors un obstacle presque insurmontable.

Au reste, si l'Angleterre se montra généreuse envers L'ABBÉ DE MONTBLANC, celui-ci se montra reconnaissant : il aimait véritablement les Anglais, à part leur religion et leur politique ; car il était trop attaché à sa foi et à son pays pour s'accorder avec eux sur ces deux points. Il ne leur dissimulait point ses sentiments à cet égard ; et dans sa conversation, comme dans ses lettres, il ne manquait jamais de les exhorter à revenir à l'antique foi de leurs pères. Je n'ose, disait-il, me flatter de réussir à dissiper leurs préjugés; mais j'aurai toujours rempli un devoir de conscience, et je leur aurai donné la marque la moins équivoque de mon amitié.

Mais il est temps de ramener le vertueux exilé sur la terre natale.

Louis XVIII était rentré en France au milieu des acclamations d'un peuple également fatigué de gloire et de malheurs. La tâche du nouveau monarque était difficile et périlleuse. Il y avait dans le même royaume comme deux peuples qu'il fallait ménager, et, ce qui était plus difficile encore, qu'il fallait réunir. Il fallait ramener les partis sans les heurter, confondre les opinions sans les comprimer, convertir, si je puis m'exprimer de la sorte, à une même religion politique mille sectes différentes qui se déchiraient et se disaient mutuellement anathème; il fallait réprimer les espérances trop ambitieuses de quelques-uns, retenir l'ardeur trop impétueuse des autres et donner à tous des garanties.

Comment cette tâche fut-elle remplie? C'est ce que nous n'avons pas à examiner ici. Toujours est-il que L'ABBÉ DE MONTBLANC crut sa patrie sauvée, puisqu'il voyait replacée sur le trône une famille à laquelle il avait voué toute son affection.

Il revint donc en France sur les pas de son Roi, et choisit pour sa retraite la maison des Missions-Étrangères. Cet asile convenait à ses goûts. Il trouvait là tous les secours et toutes les consolations que pouvait désirer sa piété; le calme, le repos et la solitude qu'il avait toujours ambitionnés. En entrant dans cette pieuse communauté, il s'était dit avec le psalmiste : C'est ici le lieu de mon repos, l'asile que j'ai choisi pour y terminer tranquillement ma carrière. Mais la Providence avait d'autres vues.

Monseigneur DU CHILLEAU gouvernait alors l'Église de Tours avec autant de sagesse que de dignité; mais il était arrivé à cet âge où les fonctions de l'épiscopat deviennent de plus en plus fatigantes et pénibles. Il songea donc à demander un Coadjuteur, et Monseigneur DE MONTBLANC, qui venait d'être nommé à l'évêché de Saint-Dié, fut choisi pour remplir ce poste honorable.

Ces deux prélats étaient dignes l'un de l'autre; Monseigneur DE MONTBLANC ne pouvait trouver un maître plus expérimenté, un guide plus sûr, un modèle plus accompli, que Monseigneur DU CHILLEAU, et celui-ci ne pouvait trouver un Coadjuteur plus disposé à suivre ses leçons et ses exemples. Monseigneur DE MONTBLANC aimait et respectait Monseigneur DU CHILLEAU comme un père; il ne faisait rien sans prendre son avis, et avait pour lui tous les égards et toutes les déférences dus à son grand âge et à son noble caractère. Aussi la plus touchante union, la plus parfaite harmonie régna-t-elle toujours entre les deux Pontifes. Monseigneur DU CHILLEAU n'eut pas de prêtre plus humble, plus dévoué, plus docile que son Coadjuteur; personne ne donna plus de regrets à sa mort et ne versa sur sa tombe des larmes plus sincères que celui qui recueillait son héritage.

Maintenant, Messieurs, j'ai à vous dire quel il se montra pendant le cours de son épiscopat; et à vous retracer quelques-unes des vertus qui excitèrent le plus notre admiration et notre amour.

Si j'avais à faire ici un panégyrique profane, je pourrais louer les qualités de l'esprit, l'étendue des connaissances et de l'érudition. Je me contenterai de dire que, sous ce rapport, Monseigneur n'a pu être connu ni apprécié autant qu'il le méritait; son excessive modestie l'empêcha toujours de se produire, et la défiance qu'il avait de lui-même ne lui permit pas de déployer tous ses moyens.

Pour nous qui l'avons vu de près, nous savons quelle rectitude de jugement, quelle sagesse et quelle modération il apportait aux affaires; ceux d'entre vous, Messieurs, qui ont eu le bonheur d'avoir des relations avec lui, avant la maladie qui le consumait depuis si longtemps, savent qu'il s'exprimait avec noblesse et facilité, et que sa conversation annonçait tout à la fois l'homme bien élevé et l'homme instruit. Il lui était indifférent de parler Français, Italien ou Anglais, tant ces deux dernières langues lui étaient familières. J'ajouterai qu'il n'eût point excité tant d'intérêt, ni formé tant de liaisons honorables en Italie, et surtout en Angleterre, s'il n'eût joint les qualités de l'esprit à celles du cœur, et un homme médiocre ne fût point devenu docteur de l'Université d'Oxford.

Mais quand j'accorderais que Monseigneur n'eut point les qualités brillantes et trop souvent dangereuses que le monde admire, toujours est-il qu'il eut toutes les qualités qui font un bon évêque, et des vertus dignes d'être proclamées dans la chaire de vérité et en face des saints autels.

Quel est celui d'entre vous, Messieurs, qui, en entendant parler de Monseigneur, ne se rappelle aussitôt sa douceur et son inaltérable bonté? On le comparait dans le monde à saint François de Sales, et la comparaison ne pouvait être mieux choisie, car, aussi bien que l'évêque de Genève, l'archevêque de Tours était né avec un caractère bouillant et impétueux, et ce n'est qu'à force de combats et de victoires remportées sur lui-même qu'il était parvenu à maîtriser les premiers mouvements.

Dans les derniers temps de sa vie surtout, il était devenu si doux et si humble de cœur, qu'on pouvait dire de lui ce que Sulpice Sévère a dit de l'un de ses prédécesseurs, saint Martin, que, tout grand Pontife qu'il était, le plus obscur de ses clercs aurait pu l'outrager impunément.

Jamais le fiel et la rancune n'entrèrent dans son âme, et s'il croyait avoir offensé quelqu'un, il n'y avait plus de repos et de tranquillité pour lui ; il vous parlait alors avec une effusion de cœur qui eût attendri le plus indifférent, il vous pressait sur son cœur, il vous inondait de ses larmes, et il n'était content que lorsqu'il avait réparé, à force de témoignages d'affection, ce que, dans son humilité, il appelait ses torts.

Je viens de nommer une autre vertu qui le caractérise, l'humilité. MONSEIGNEUR ne fut si doux que parce qu'il fut humble. Personne ne comprit mieux que lui et ne mit mieux en pratique, ce précepte du divin maître : « Que celui qui est le plus grand d'entre vous soit le serviteur des autres, et que celui qui est au premier rang se fasse comme l'esclave de tous. »

Ennemi du faste et de l'ostentation, il évitait toutes les occasions de se montrer, et lorsqu'il était obligé de paraître, il savait tempérer l'éclat de sa dignité par l'affabilité de ses manières. Il n'aimait pas les compliments, et regardait les louanges comme une moquerie. Sa modeste cour n'avait point de flatteurs, il n'en eût point souffert autour de lui, et malgré le respect dont nous étions tous pénétrés pour sa personne, il nous forçait de nous mettre à l'aise, et vous eussiez dit un père au milieu de ses enfants, plutôt qu'un supérieur avec ses inférieurs.

Dans ses voyages, hors de son diocèse, il nous recommandait toujours de ne point l'appeler par son titre. La représentation me fatigue, disait-il souvent, et je ne connais point de meilleurs moyens pour être heureux que ces deux mots de l'Imitation : *Ama nesciri*, Aimez à être oublié. Aussi, les honneurs qu'on lui rendait et qui étaient dus à son rang, on peut dire qu'il les subissait plutôt qu'il ne les recevait. Sans doute il était touché de ces marques extérieures d'amour et de vénération, mais il eût mieux aimé qu'on les lui eût épargnées.

Que dirai-je de sa charité? Il compatissait à toutes les infortunes, il aurait voulu soulager toutes les souffrances, essuyer toutes les larmes. Il donnait beaucoup, mais il aurait voulu donner plus encore.

Quand un malheureux se présentait devant lui, vous eussiez pris le charitable Archevêque pour le solliciteur lui-même, tant il s'humiliait, tant il se confondait en excuses de ne pouvoir donner davantage. Lorsqu'on venait lui demander pour une bonne œuvre (et quelle bonne œuvre ne soutenait-il pas?), bien qu'il donnât généreusement, il ne manquait jamais de demander pardon de ce qu'il faisait si peu de chose.

Il suivait scrupuleusement le précepte de l'Evangile,

sa main droite ignorait ce que faisait sa main gauche ; il se cachait pour faire l'aumône, comme on se cacherait pour commettre une mauvaise action, et jamais on n'a pu connaître l'étendue de ses charités. Puisse le Père céleste, qui en fut le seul témoin, lui en accorder aujourd'hui la récompense !

S'il a fait, autant qu'il a dépendu de lui, du bien pendant sa vie, il a pris des précautions pour en faire encore après sa mort.

Des sommes assez considérables lui avaient été léguées par ses amis d'Angleterre. Quoique ces legs fussent pour lui personnellement, il n'a point voulu en profiter pendant sa vie, et il a désiré que tout fût employé en bonnes œuvres après sa mort (1).

Mais qu'ai-je besoin de parler plus longtemps d'une vertu qu'il a pris tant de soin de cacher? Aussi bien, sa réputation est faite, et le peuple lui a rendu justice. Le peuple, Messieurs, est bon juge en pareille matière, il est doué d'un instinct merveilleux pour connaître et pour apprécier les hommes de miséricorde. Et l'empressement avec lequel il s'est porté autour de ce tombeau, le recueillement dont il s'est montré pénétré est le plus bel éloge de la charité de notre saint Archevêque.

Ce que le peuple a reconnu, ce qu'il aimait encore en

---

(1) MONSEIGNEUR DE MONTBLANC possédait un modeste patrimoine qu'il laisse à sa famille ; mais il avait reçu en Angleterre différentes sommes qu'il regarda toujours comme un dépôt sacré, et qu'il a voulu employer intégralement en bonnes œuvres, en fondations d'écoles gratuites et en aumônes, etc. Rien n'est édifiant comme la forme et les dispositions de son testament.

lui, c'est sa bonté. La bonté était, en effet, comme le fonds de son caractère. Où croyez-vous qu'il ait puisé cette politesse exquise, ces manières bienveillantes, ces paroles affectueuses, ces déférences, ces égards qu'il avait même pour ses inférieurs ? ce n'était assurément ni calcul, ni ostentation : tout cela venait de son bon cœur.

Il se levait pour recevoir le dernier d'entre nous, comme s'il eût été son égal; sensible à l'excès aux plus petits services qu'on pouvait lui rendre, il n'avait point d'expressions assez fortes pour témoigner sa reconnaissance. Je sens que je suis bien à charge, nous disait-il souvent dans les derniers temps de sa vie, et j'admire qu'on puisse me supporter. Ah ! plût au ciel que nous eussions à le supporter encore, et qu'au lieu de lui rendre ces tristes devoirs nous fussions encore au jour où nous le recevions avec les transports d'une si vive allégresse. Alors d'autres couleurs décoraient ce temple, et ces voûtes retentissaient de l'Hosanna du triomphe; pourquoi faut-il que ce soient aujourd'hui les couleurs et les chants de la mort !

Je ne puis me lasser de parler de la bonté de Monseigneur; elle se montrait en toute circonstance, et je ne sais s'il est un seul de ceux qui ont eu occasion de lui parler, qui ne se soit retiré en disant : Qu'il est bon, Monseigneur ! et c'était certainement le plus bel éloge qu'on pût faire de lui, car de toutes les vertus, la bonté est celle qui nous rapproche le plus de la Divinité, qui est la bonté par essence.

Oui, il était bon Monseigneur ! qu'on dise si jamais il chercha à molester personne, s'il abusa jamais de son pouvoir et de son autorité pour opprimer ceux qui lui étaient soumis. Il avait coutume de dire qu'aucune des fonctions de son ministère ne lui coûtait à remplir, mais qu'il en était une à laquelle il n'avait jamais pu s'accoutumer, c'était de paraître sévère. Aussi ne prenait-il une mesure de rigueur qu'à la dernière extrémité ; il ne le faisait jamais impunément, et il était malade chaque fois qu'il était obligé de sévir.

Heureusement qu'il n'eut pendant le cours de son épiscopat, que de rares occasions de déployer cette apparente sévérité ; il rendait ce témoignage aux prêtres de son diocèse, qu'il n'avait reçu d'eux que des consolations, et il répétait souvent avec orgueil qu'il ne croyait pas qu'il y eût ailleurs un clergé plus exemplaire et plus régulier que le sien.

Au reste, comme il n'y eut jamais de cœur meilleur, ni plus sensible que le cœur de ce digne Archevêque, il était toujours facile au coupable d'obtenir son pardon. Pour rentrer dans les bonnes grâces du père de famille, il n'était pas nécessaire que le prodigue cherchât de longues excuses, et il n'avait pas plutôt avoué sa faute que le père attendri tombait sur son cou et l'arrosait de ses larmes.

Oui, il était bon MONSEIGNEUR ! bon pour son clergé, bon pour les fidèles, bon pour les pauvres, bon pour les petits enfants ; ne l'avez-vous pas vu souvent s'arrêter avec bonheur devant ces innocentes créatures, les flatter de la main, les caresser et les bénir, à l'exemple de celui qui voulait qu'on laissât approcher de lui les petits enfants. Il disait avec une grâce touchante qu'il avait dévotion aux petits enfants, par la même raison qu'il avait dévotion aux saints Anges.

A toutes les vertus dont nous venons de parler, Monseigneur joignait un zèle ardent pour le bien, un désir immense de procurer la gloire de Dieu et le salut des âmes. Il serait trop long d'énumérer ici tous les bienfaits de sa sage et paternelle administration ; je ne ferai que vous indiquer rapidement les principaux actes qui lui assurent à jamais les bénédictions de ce diocèse.

Toutes les œuvres qu'il a trouvées établies, il les a soutenues, améliorées, consolidées.

Ainsi, par ses soins, le grand séminaire a été agrandi, le petit séminaire transféré dans un local plus vaste et plus sain, et les études organisées sur un plan plus large dans ces deux établissements ; l'institution si populaire et si utile des frères des écoles chrétiennes a pris plus de développement et de consistance, et les retraites ecclésiastiques ont été encouragées, régularisées par sa présence assidue et par les exemples de sa piété.

Je vois, sous son épiscopat, notre belle cathédrale restaurée à l'intérieur et à l'extérieur, la pompe du culte et la majesté des cérémonies augmentée, le chant ecclésiastique amélioré.

Je vois l'œuvre des bons livres fondée, et une bibliothèque chrétienne ouverte à tous ceux qui aiment à nourrir leur piété par de saintes lectures ; les conférences ecclésiastiques établies, des statuts préparés, et une caisse diocésaine créée pour subvenir aux besoins les plus urgents des prêtres âgés et infirmes.

Je vois s'élever des communautés nouvelles et d'utiles établissements. Ici, il ouvre un asile à l'innocence, là, un asile au repentir : il établit le refuge dans le refuge même, et donne aux pécheresses repentantes le voile des épouses du Seigneur.

Pour évangéliser les pauvres et porter dans les paroisses du diocèse la bonne nouvelle du salut, il appelle les pieux enfants de Vincent de Paul, et il place au chevet des mourants, les humbles filles de l'Espérance. Sous ses auspices, la société de Saint-Vincent-de-Paul entreprend et poursuit son œuvre intéressante, l'association pour la propagation de la foi est partout établie, et il pensait à vous recommander particulièrement cette bonne œuvre, lorsque la mort est venue le surprendre.

Que dirai-je encore? il n'a été étranger à aucun acte de bienfaisance et de générosité, et il a attaché son nom à toutes les bonnes œuvres.

Admirateur sincère de la belle institution de Mettray, il a voulu être inscrit au nombre des fondateurs, et il ne se lassait pas de donner des éloges au religieux dévouement des chefs de cette colonie, qu'il appelait les deux apôtres laïcs des prisons.

Il méditait encore une grande entreprise. Son projet était de faire des démarches auprès des autorités du département et de la ville et auprès du gouvernement, pour savoir s'il n'y aurait pas moyen de rendre au culte l'église de Saint-Clément, et d'établir ainsi une nouvelle paroisse réclamée par le vœu des habitants de cette partie si populeuse de la cité.

Telles sont les œuvres qui immortaliseront dans ce diocèse la mémoire de Monseigneur DE MONTBLANC, tels sont les droits qu'il a acquis à notre reconnaissance.

Tant de vertus et de bienfaits ne pouvaient manquer de lui gagner tous les cœurs, aussi était-il généralement aimé, et nous en avons une preuve bien consolante dans l'unanimité des regrets et dans le concours qui a eu lieu autour de son tombeau.

Il comptait bien, Messieurs, sur l'affection de ses diocésains, et c'était sa plus grande consolation, comme la plus douce récompense de ses travaux.

Souvent, dans les derniers temps de sa vie, il parlait de démission. Il disait, cet homme si humble et si modeste, qu'il soutenait mal la dignité épiscopale, que la mitre chargeait trop sa tête blanchie par les années, et que la crosse pesait trop dans ses débiles mains. Savez-vous ce qui l'a empêché de mettre ce projet à exécution? L'attachement qu'il vous portait, et la persuasion qu'il avait que vous le payiez de retour. J'avoue, disait-il, que depuis vingt ans que je suis dans ce diocèse, il m'en coûterait de le quitter; j'aime Tours, et je sens que je ne pourrais vivre ailleurs; on dit que j'y suis aimé, il m'est doux de me le persuader, et je serais trop malheureux si je ne le croyais pas.

Il ne se trompait pas, et il reçut des marques non équivoques de l'attachement que lui avaient voué ses diocésains, et dans ses visites pastorales où il voyait les populations se précipiter sur son passage et le saluer par des acclamations d'amour, et dans sa ville épiscopale où il ne se montrait jamais sans recueillir les bénédictions du peuple. Il put juger de l'attachement de ses fidèles Tourangeaux dans bien des circonstances, mais dans une surtout qu'il n'oublia jamais.

La révolution de 1830 venait d'éclater. L'Archevêque de Tours était aux bains de mer, qu'on lui conseillait chaque année pour sa santé. A cette nouvelle, il s'empressa de revenir. Quelques-uns essayaient de l'en dissuader et disaient qu'il pourrait y avoir du danger pour lui. C'est précisément ce qui m'engage à partir, répondit-il. Un évêque n'est jamais plus nécessaire à son poste qu'au jour du danger.

Il arrive à Tours au moment de la plus grande effervescence ; il se présente à l'hôtel de ville, où il est reçu avec tous les égards dus à son caractère. On veut lui donner une garde pour le protéger ; il remercie de l'intérêt qu'on lui témoigne et des offres généreuses qu'on lui fait ; mais il demande la permission de n'en point profiter, disant qu'un père qui se trouve dans sa famille et au milieu de ses enfants ne peut avoir rien à redouter ; et il traverse à pied, suivi d'un seul domestique, les rues de la ville, recevant partout sur son passage des marques de respect et de vénération.

Sa conduite à cette époque, plus difficile pour lui que pour un autre, fut telle qu'on devait l'attendre d'un évêque qui joignait à toutes les vertus que nous avons admirées une rare prudence et une sagesse consommée.

Monseigneur avait pour la branche aînée un attachement trop connu pour n'être pas hautement avoué, et, si je cherchais à le dissimuler, sa voix s'élèverait du fond de son tombeau pour condamner ma lâcheté et répudier mes éloges. Vous-mêmes, Messieurs, vous blâmeriez mon silence. Ce dévouement avait été le culte de toute sa vie ; ce n'était chez lui ni ostentation, ni esprit de parti : c'était une conviction profonde, un sentiment plutôt qu'une opinion, et comme une seconde religion à laquelle il crut devoir toujours rester fidèle. Personne n'a songé à lui en faire un reproche, et si nous en croyons les rapports qui lui ont été faits, le Roi, qui connaissait bien les sentiments de l'Archevêque de Tours, n'en avait pour lui ni moins de bienveillance, ni moins d'estime.

Il comprit toujours qu'il était évêque; il n'eut garde de confondre les intérêts du temps avec ceux de l'éternité, et de compromettre la cause de l'Église dans la lutte des partis. Il donna le premier l'exemple de la soumission aux puissances établies, il exhorta à la même soumission tous ceux sur qui il avait autorité, et il traça à son clergé des règles pleines de sagesse et de modération.

Les premières autorités n'ont jamais eu qu'à se louer de lui, comme lui s'est toujours loué d'elles; et il félicitait souvent le département et la ville d'avoir à leur tête des magistrats qui avaient tant fait pour assurer la tranquillité des citoyens, tant contribué à la prospérité et à la gloire de cette belle province.

Tel fut Monseigneur Augustin-Louis DE MONT-BLANC; chéri de Dieu et des hommes, irréprochable pendant sa vie, admirable surtout au moment de sa mort.

Ici, Messieurs, pour dominer l'émotion que j'éprouve, j'ai besoin de me persuader que je fais plutôt le panégyrique d'un saint que l'éloge funèbre d'un mort.

Depuis longtemps, la santé de Monseigneur s'affaiblissait visiblement, ses forces diminuaient de jour en jour, et il ne se dissimulait pas que sa fin était prochaine. Le bruit et le tumulte du monde qu'il n'avait jamais aimés lui étaient devenus insupportables, et il sentait plus que jamais le besoin de la solitude. Il priait ses connaissances de l'excuser s'il ne les recevait plus et s'il ne les visitait plus aussi souvent; il ne devait plus, disait-il, penser qu'au salut de son âme, et il se regardait comme mort parmi les vivants.

La prière était devenue son occupation continuelle, et sa conversation était dans le ciel. Bien qu'il fût, dans les souffrances, d'une douceur et d'une résignation admirables, et que jamais une parole de murmure ou d'impatience ne soit sortie de sa bouche, il se plaignait de ne pas se remettre avec assez d'abandon entre les mains de Dieu, et de ne pas profiter comme il aurait dû le faire de la visite du Seigneur.

Un Pontife qui avait marché de si près sur les traces de saint MARTIN, devait avoir une mort semblable à la sienne. C'est à Chinon, où il était allé pour présider une cérémonie religieuse, que MONSEIGNEUR sentit les premiers symptômes d'un mal qui n'a fait que s'aggraver depuis. Ainsi, il est allé chercher la mort non loin des lieux où saint MARTIN l'avait trouvée.

Depuis ce temps, il parla de sa mort, comme si le Seigneur la lui eût révélée; il nous répétait qu'il n'avait plus que peu d'instants à passer sur cette terre; et, citant un passage de l'épître de saint Pierre : Je sais, disait-il, que le moment de plier ma tente n'est pas éloigné.

Il ne se trompait pas : il arriva ce jour, de douloureuse mémoire, où nous devions nous séparer du meilleur des pères et du plus tendre des amis.

Il n'attendit pas qu'on lui suggérât de recevoir les derniers sacrements, il les demanda lui-même.

Que c'était un spectacle touchant de voir ce vénérable Pontife environné de son clergé, lui adressant de son lit de mort ses dernières recommandations et son dernier adieu! Son énergie semblait redoubler à mesure qu'approchait le moment suprême. Lui, si timide autrefois, trouvait maintenant des paroles sublimes, et jamais il n'avait été si éloquent. Nous pleurions tous, et il nous regardait avec une douceur ineffable, avec une expression où l'on voyait tout à la fois le regret de nous quitter, et l'espérance d'une vie meilleure.

Il fit sa profession de foi avec l'accent d'une conviction profonde, nous recommanda le troupeau, objet de toute sa sollicitude et de tout son amour, et demanda pardon des fautes qu'il avait pu commettre et des scandales qu'il avait pu donner. Des scandales ! lui qui avait été pendant toute sa vie le modèle des plus pures et des plus douces vertus !

Le mal augmentait avec une effrayante rapidité ; il luttait péniblement, mais avec toute la supériorité que donnent au chrétien la grâce de Jésus-Christ et l'espérance de l'immortalité bienheureuse. Il baisait avec transport le signe de notre rédemption : Voilà, disait-il, mon unique espérance, et c'est entre ses bras que je veux mourir. Il s'unissait avec une présence d'esprit admirable à toutes les prières qu'on récitait auprès de lui, et lorsqu'il ne fut plus en état de répondre de la voix, il répondait par un regard où sa belle âme se montrait tout entière.

Partez donc, âme véritablement chrétienne, quittez cette vallée de larmes et de misères. Vous avez fourni glorieusement votre carrière, vous avez conservé intact, pour vous et pour les fidèles confiés à vos soins, le dépôt sacré de la foi. Allez vous reposer des fatigues et des ennuis de la vie ; allez, et puissent vos vertus vous accompagner et vos bonnes œuvres vous suivre devant le tribunal du souverain juge! Puissent les anges vous porter dans le sein d'Abraham!

Je n'essayerai pas ici, Messieurs, de vous peindre le deuil et la consternation qui suivirent la nouvelle de sa mort. On eût dit que chacun avait perdu un père. La tristesse était sur tous les visages, les larmes dans tous les yeux, mais aussi les éloges étaient dans toutes les bouches. Grands et petits, riches et pauvres, prêtres et fidèles, tous déploraient une si grande perte, tous confondaient leur douleur et leurs regrets.

Maintenant, Messieurs, il ne me reste plus qu'à vous remercier, au nom de cet illustre mort, des témoignages de vénération et d'amour, que vous venez de lui donner.

Honneur donc aux Magistrats du département et de la cité! honneur aux différents Tribunaux, à toutes les Administrations et Corporations, à toutes les Sociétés qui ont protesté par leur présence de leur attachement pour celui que nous pleurons!

Honneur à la Garde nationale, qui a compris que c'était ici un deuil de famille, et qui s'est offerte non pour protéger son tombeau, car qui eût songé à l'insulter, mais pour ajouter à son triomphe!

Honneur à toutes les Autorités civiles et militaires qui se sont prêtées de si bonne grâce et avec tant d'empressement à cette lugubre cérémonie! c'est à tout cet imposant concours que nous devons d'avoir, en quelque sorte, égalé la pompe à la douleur.

Honneur au Peuple, à ce Peuple de Tours, si doux, si aimant, si généreux, qui a montré tant de sincérité dans les regrets, tant de calme dans son empressement, tant de recueillement autour du tombeau de son premier pasteur !

Honneur au Clergé, qui entra si bien dans ses vues, qui partagea ses travaux, seconda son zèle, et qui lui est resté dévoué et fidèle jusqu'à la mort!

Je ne dois pas oublier les Médecins habiles qui lui témoignèrent tant de respect, de vénération et d'intérêt, et qui lui prodiguèrent jusqu'à la fin les soins les plus affectueux ; qu'ils reçoivent donc ici l'expression de notre reconnaissance.

Il me semble, Messieurs, que notre saint Prélat apparaît en ce moment au milieu de nous, non point tel que la mort l'a fait, mais tel qu'il se montrait au jour des grandes solennités, la mitre en tête et le bâton pastoral en main. J'ai passé, nous dit-il, vingt ans de ma vie au milieu de vous, et Dieu m'est témoin que mes intentions ont toujours été pures ; je vous aimais comme un père aime ses enfants, je me serais sacrifié mille fois pour votre bonheur et pour votre salut. Maintenant, si jamais je vous ai aimés, si vous m'avez aimé vous-mêmes, si ma mémoire vous est chère, si votre Archevêque a quelques droits sur vos cœurs, aimez, honorez, pratiquez la religion, source de paix, de bonheur et de vertu. Ce fut mon vœu le plus ardent, je pourrais dire mon unique vœu pendant ma vie ; le réaliser est, aujourd'hui, le seul témoignage d'amour que vous puissiez me donner.

Vos vœux seront exaucés, ô saint et bien-aimé Pontife! en présence de vos restes vénérés, la main étendue sur votre tombeau, nous promettons de demeurer fidèles aux enseignements que vous nous avez donnés, de suivre les exemples de vertus que vous nous avez légués ;

et si, du séjour de la gloire où nous aimons à nous persuader que vous êtes, vous abaissez vos yeux sur ce diocèse, vous serez heureux de voir vos enfants marcher dans les sentiers de la justice et de la vérité.

Tours, Impr. de Mame.